BEI GRIN MACHT SICH IHR WISSEN BEZAHLT

- Wir veröffentlichen Ihre Hausarbeit, Bachelor- und Masterarbeit

- Ihr eigenes eBook und Buch - weltweit in allen wichtigen Shops

- Verdienen Sie an jedem Verkauf

Jetzt bei www.GRIN.com hochladen und kostenlos publizieren

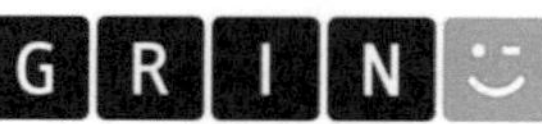

Wildis Streng

Vergleich von Albrecht Dürers "Bildnis der Elsbeth Tucher" mit Sandro Botticellis "Portrait einer jungen Frau" - Eine Klausur mit Lösungsvorschlag

GRIN Verlag

Bibliografische Information der Deutschen Nationalbibliothek:

Die Deutsche Bibliothek verzeichnet diese Publikation in der Deutschen National-
bibliografie; detaillierte bibliografische Daten sind im Internet über http://dnb.d-
nb.de/ abrufbar.

Dieses Werk sowie alle darin enthaltenen einzelnen Beiträge und Abbildungen
sind urheberrechtlich geschützt. Jede Verwertung, die nicht ausdrücklich vom
Urheberrechtsschutz zugelassen ist, bedarf der vorherigen Zustimmung des Verla-
ges. Das gilt insbesondere für Vervielfältigungen, Bearbeitungen, Übersetzungen,
Mikroverfilmungen, Auswertungen durch Datenbanken und für die Einspeicherung
und Verarbeitung in elektronische Systeme. Alle Rechte, auch die des auszugsweisen
Nachdrucks, der fotomechanischen Wiedergabe (einschließlich Mikrokopie) sowie
der Auswertung durch Datenbanken oder ähnliche Einrichtungen, vorbehalten.

Impressum:

Copyright © 2009 GRIN Verlag GmbH
Druck und Bindung: Books on Demand GmbH, Norderstedt Germany
ISBN: 978-3-656-40884-0

Dieses Buch bei GRIN:

http://www.grin.com/de/e-book/131906/vergleich-von-albrecht-duerers-bildnis-der-
elsbeth-tucher-mit-sandro

GRIN - Your knowledge has value

Der GRIN Verlag publiziert seit 1998 wissenschaftliche Arbeiten von Studenten, Hochschullehrern und anderen Akademikern als eBook und gedrucktes Buch. Die Verlagswebsite www.grin.com ist die ideale Plattform zur Veröffentlichung von Hausarbeiten, Abschlussarbeiten, wissenschaftlichen Aufsätzen, Dissertationen und Fachbüchern.

Besuchen Sie uns im Internet:

http://www.grin.com/

http://www.facebook.com/grincom

http://www.twitter.com/grin_com

Bildervergleich zwischen Dürers „Bildnis der Elsbeth Tucher" und Botticellis „Portrait einer jungen Frau" –

Eine Klausur mit Lösungsvorschlag.

Wildis Streng, Karlsruhe

Mai 2009

KLAUSUR BILDENDE KUNST

Thema „Albrecht Dürer"

Materialien:

*Albrecht Dürer: Bildnis der Elsbeth Tucher, 1499, 29*23 cm, Kassel, Gemäldegalerie*

Sandro Botticelli: Portrait einer jungen Frau (Simonetta Vespucci), 1480, Staatliche Museen Berlin

Aufgabe:

Beschreiben, analysieren und interpretieren Sie die beiden Bilder anhand formaler und inhaltlicher Aspekte und vergleichen Sie sie miteinander!

Die Aufgabe stellt eine Ganzheit dar und wird mit maximal 15 NP bewertet.

Lösungsvorschlag

Die beiden Frauenportraits von Dürer und Botticelli stammen beide aus dem Zeitalter der Renaissance, die – in Italien wesentlich früher als in Deutschlands – den Beginn eines neuen Zeitalters voller Neugier auf die Natur und Interesse für die Wissenschaft einläutet. Beide Portraits zeigen Frauen, feinmalerisch gemalt, detailliert wiedergegeben. Dennoch lassen sich wesentliche Unterschiede feststellen, die nicht nur von den unterschiedlichen Mentalitäten ihrer Umgebungen, sondern auch von den Intention der Maler herrühren.

Zunächst werde ich Dürers „Bildnis der Elsbeth Tucher" betrachten. Das Bild ist 1499 entstanden und nur 29*23 cm groß – ein sehr kleines Format, wenn man die feine Malweise berücksichtigt. Momentan befindet sich das Bild in der Gemäldegalerie in Kassel. Der Blick der nicht mehr ganz jungen Frau, die bis zur Brust dargestellt ist, geht am Betrachter vorbei nach links aus dem Bild heraus gerichtet. Ihr sehr markantes Gesicht wirkt leicht nachdenklich. Auffällig ist ihr der damaligen Mode entsprechendes großes Dekolleté, das hell über dem runden Ausschnitt ihres bräunlichen Kleides leuchtet. Der Saum am Halsausschnitt des Kleides ist mit Gold- und Spitzenborten gesäumt, das Kleid selbst scheint aus Samt zu sein. Unter dem Kleid verbirgt sich wohl, wie an den Schulter erkennbar, eine schwere, goldene und gewundene Kette, die auf einigen Reichtum der Portraitieren hinweist. Die Frau trägt eine voluminöse, cremefarbene Haube mit zartem, gitterartigen Muster – wohl aus Seide. Sie wird von einem goldenen Band gehalten. Diese Haube ist ein erster Hinweis darauf, dass die Frau wohl verheiratet ist – sie ist quasi - wie damals üblich - „unter der Haube". Am linken unteren Bildrand ist der obere Teil der rechten Hand zu erkennen, die einen Ring – ein Symbol ehelicher Treue - hält. Gleiches gilt für die Brosche, auf der neben floralen Elementen die Initialen „N" und „T" zu erkennen sind – in Anbetracht der Tatsache, dass der Vorname der Frau Elsbeth ist, wohl die Initialen ihres Gatten. Im Hintergrund erkennt man – ganz dürertypisch – eine Wand, in der sich im Verhältnis des Goldenen Schnittes links ein Fenster befindet. Das Fenster gibt den Blick frei auf eine idealisierte

Landschaft mit Wäldern, Bergen, und einem sich windenden Weg. Dunkle Wolken mit Lichtrand verleihen der Landschaftsszenerie Dramatik und tauchen sie in eine ungewöhnliche Lichtstimmung. Unter und unmittelbar neben dem Ausblick ist der Fenstersims erkennbar. Die beiden rechten Drittel des Hintergrundes befindet sich ein goldfarbener Stoffbehang, vermutlich Brokat, mit bräunlichem, schwungvoll-floralen Muster. Auffällig ist weiterhin der Schriftzug oben im Bild „ELSPETH NICLA TUCHERN 26, 1499"; danach folgt Dürers Signatur. Der Name des Gatten ist also vielleicht Niklas? Und sie ist also 26 Jahre alt, Das Bild wurde wohl mit Ölfarbe auf Holz gemalt – Dürer arbeitet üblicherweise auf mit Kreide grundierten Holztafeln, auf die er dann zunächst die Vorzeichnung, schließlich Temperauntermalung legte. Anschließend trug er in dünnen Schichten lasierend die Ölfarbe auf. Diese sehr akribische Vorgehensweise ermöglichte es ihm, recht naturalistisch darzustellen. Eines seiner Ziele, das er durch zahllose Studien des menschlichen Körpers zu erreichen versuchte. Im Großen und Ganzen kann der Farbauftrag im Bild als deckend bezeichnend werden – abgesehen von der Haube, wo es Dürer wunderbar gelingt, die seidige Stofflichkeit des Materials einzufangen. Diese Stofflichkeit erreicht Dürer bei der Darstellung jedes einzelnen Materials im Bild – sei es das Holz des Fensterrahmens oder das Gold des Schmucks. Besonders auffällig ist der Ring mit dem grünen Stein – wohl ein Samragd, der das am weitesten im Vordergrund stehende Element des Bildes darstellt und so detailreich gemalt ist, dass er für den Betrachter fast greifbar scheint. Sehr differenziert stellt Dürer auch das Inkarnat der Frau dar – die leichte Röte der Wangen, die Form des Halses, die Schattierungen, mit denen er die Nase modelliert. Selbst die feinen Nasolabialfalten sind erkennbar. Die Augen der Frau sind aufgrund der changierenden Farbigkeit und des Glanzpunkts besonders intensiv. Insgesamt verwendet Dürer wenig grelle, edel wirkende Farbtöne wie Creme, Gold und dunkles Braun. Nur bei der Landschaft und kommen Grün - und Blautöne dazu, die Berge verblauuen nach hinten. Dürer hat sich während seiner Reisen intensiv der Landschaftsmalerei gewidmet und die Luftperspektive studiert. Nichtsdestotrotz bleibt die Akribie der Landschaft hinter der des Portraits zurück – ein Hinweis darauf, dass Dürer die Landschaft wohl eher als schmückendes Beiwerk als als wesentliches Bildelement verstanden hat. Die dunkelste Stelle des Bildes ist das Kleid der Frau – es bildet gleichsam eine Basis, von der ab der Betrachterblick nach oben auf das Dekoletté und das Gesicht der Frau gelenkt wird. Hier kann man einen Hell-Dunkel-Kontrast entdecken. Selbiger findet sich auch bei den Wolken am Himmel – vielleicht eine Spiegelung der Gefühle der doch recht nachdenklich dreinblickenden Frau? Bei der Landschaft lässt sich eine abendlich-rotstichige Erscheinungsfarbigkeit erkennen. Die Frau selbst wird zwar auch vom Fenster aus beleuchtet, es scheint jedoch noch eine weitere Lichtquelle von unten links im Raum zu geben. Die Räumlichkeit des Bildes steht außer Frage – Dürer erzeugt Raum nicht nur durch die Größenkontraste zur Landschaft, sonder auch die Darstellung des Fensterrahmens und der Wand, die von der Frau überschnitten wird. Die Figur ist somit deutlich im Vordergrund, die weiteren Elemente des Bildes sind ihr schmückendes Beiwerk. Kompositorisch fällt der Kopf sehr ins Auge – durch die riesenhafte Haube, unter der sich wohl eine enorme Fülle von Haaren verbirgt, wirkt der Kopf fast kugelförmig, er thront auf dem dreiecksförmigen Konstrukt des Dekolettés. Eine sehr geschickte Komposition, die den Betrachter den Kopf als Krönung – oder Spitze – des Dreiecks empfinden lässt. Trotz der wenigen Elemente im Bild kann diese Komposition als dynamisch bezeichnet werden. Die Dynamik des Bildaufbaus wird durch den rechteckigen Ausschnitt des Fensters, das das Gesicht der Frau halb umschließt, etwas beruhigt.

Wesentlich ruhiger komponiert ist das um 1480 entstandene „Portrait einer jungen Frau" von Sandro Botticelli. Es kommt mit deutlich weniger Bildelementen aus – hinter dem Frauenportrait befindet sich lediglich eine dunkle, fast schwarze Wand. In der linken, oberen Ecke des Bildes ist ein grauer Fensterrahmen erkennbar, der den Blick auf ein blaues Stück Himmel frei gibt. Die Frau ist im Profil bis zur Brust dargestellt, sie blickt relativ ausdruckslos nach links aus dem Bild heraus und sieht den Betrachter nicht an. Sehr auffällig ist ihre kunstvoll geflochtene und aufgesteckte Frisur – fein gewellte Strähnen werden von einem Zopf zusammengefasst, ein weiterer Zopf hängt über ihre linke Schulter herab. Ein Teil des unglaublich voluminösen Haares ist hinten im Nacken mit Bändern kreuzförmig zum Pferdeschwanz gebunden und fällt bis in die rechte untere Ecke des Bildes. Die Frisur der noch sehr jungen Frau ist bei den Zöpfen und am Oberkopf mit Perlen dekoriert – einem sehr kostbaren Material, das die Schönheit der Dame hervor hebt. Weniger aufwändig erscheint ihr übriger Schmuck – wohl Lederschnüre? - den sie um den Hals trägt. Das makellose Inkarnat der Frau ist sehr hell dargestellt – interessanterweise ist die Haut am Dekoletté als hellste Stelle im

Bild auszumachen, noch ein Hinweis darauf, dass die Intention des Malers die Darstellung der Schönheit der Dame sein könnte. Die Frau trägt ein als kokett zu bezeichnendes Kleid – im Brustbereich mit einem schwarzen, gefältelten Samtstoff, das übrige Kleid ist aus glatterem, anschmiegsamerem und feuerrotem Stoff - eine im 15. Jahrhundert wohl sehr gewagte Farbigkeit. Der Faltenwurf des Kleides ist besonders um die Puffärmel herum sehr exakt und plastisch gemalt. Eine helle Binde um die Schulter und unter dem Arm hindurch rundet die Kleidung der Frau ab. Das Bild ist wohl mit Ölfarben auf einer Holztafel gemalt worden. Auch Botticelli scheint der Darstellung des Himmels nicht so große Relevanz zuzumessen – fast nachlässig-verwischend setzt er hell – und dunkelblaue Flächen nebeneinander. Besonders auffällig ist hierbei die Tatsache, dass der Duktus im Himmel der Rundung des Kopfes der Frau folgt – schlampige Arbeit? Nachlässigkeit? Oder eben mangelnde Relevanz des Beiwerks in den Augen Botticellis? Wohl Letzteres, ähnlich wie bei Dürer. Das Licht fällt eindeutig durch das Fenster ein und beleuchtet, wie schon erwähnt, den Oberkörper der Frau und ihr Gesicht. Mehr Aufmerksamkeit widmet Botticelli offenbar dem Gesicht und den Haaren der Frau – fast scheint er jedes einzelne Haar gemalt zu haben, wenngleich auch eher schematisch, was aber auch an der „ordentlichen" Frisur liegen kann. Glatter als bei Dürers Portrait ist auch die Haut der Frau, wohl erstens, weil sie jünger ist, zweitens aber erscheint der Teint doch etwas idealisiert. Insgesamt wirkt Botticellis Pinselführung harter und präziser, zeichnerischer, weniger organisch als bei Dürer. Botticelli gelingt die stoffliche Darstellung des Kleides sehr gut. Die auffällige rote Farbe bildet mit der Wand und dem Himmel einen Kalt-Warm-Kontrast. Insgesamt ist im Bild eine starke Richtung nach links erkennbar – nach Links richtet sich der Blick der Frau, links befindet sich aus das Fenster und öffnet gleichsam den dunklen Hintergrund. Auffällig ist hier Botticellis Versuch, mit dem Chiaroskuro zu arbeiten – der schwarze Teil des Kleides verschmilzt beinah mit dem Hintergrund, der Fensterrahmen hebt sich dezent vom Hintergrund ab. Der dunkle Teil des Bildes dominiert, daher sticht der helle Teint der Frau besonders auffällig heraus. Wohl ein geschickter Schachzug Botticellis, um die makellose, helle Schöne noch mehr hervor zu heben.

Beide Bilder sind der Renaissance zuzuordnen. Die Malerei der Renaissance interessierte sich für die Menschen, wie sie leibten und lebten – die starren, reglosen

Symbolfiguren der Gotik und des Mittelalters waren überholt. Es kam darauf an, den Menschen so exakt wie möglich wiederzugeben – eine Hommage an die von der Renaissance so bewunderte Antike. Individualität war gefragt. Beide Bilder wirken individuell, wenngleich Botticellis Werk, der ästhetischen Intention des Bildes folgend, etwas idealisiert scheint. Elsbeth Tücher war sicherlich nicht hässlich, doch ist ihr Gesicht durchaus markant zu nennen. Ein Indiz dafür, dass Frau Tucher tatsächlich so ausgesehen hat. Diese Dokumentation des Aussehens von Frau Tucher war wohl auch Intention des Bildes – sonst gäbe es wohl kaum die Bildinschrift, die ihre Identität und ihr Alter quasi bezeugt. Auch der Bildtitel spricht dafür. Die sehr individuelle Brosche und der Ring beweisen weiterhin ihre „Zugehörigkeit" zu ihrem Gatten - vielleicht ein Bild zum Anlass der Eheschließung? Als Dokumentation der Treue, für die der Ring ja symbolisch steht, einer Ehefrau? Symbole bleiben in Botticellis Werk außen vor, wir finden keinen Hinweis auf einen Ehestand oder ähnliches. Botticellis Bild trägt den recht nüchternen Titel „Portrait einer jungen Frau". Man weiß, dass es sich um Simonetta Vespucci, die Muse des Künstlers, handelt. Sie stand ihm unter anderem auch für seine „Venus" Modell. Sie wurde damals als die schönste Frau in Florenz angesehen und hat eine tragische Lebensgeschichte: Mit sechzehn mit einem Homosexuellen verheiratet, führte sie eine unglückliche Ehe, bis sie nur 23-jährig an Tuberkulose starb. Der Name des Modells ist jedoch nicht Titel des Bildes – es handelt sich also nicht um ein repräsentatives Portrait. Vielmehr ging es Botticelli wohl um die – eher analytische – Darstellung der Schönheit des Mädchens, wofür auch die kunstvolle Drappierung der Haare spricht. Die Haare der Elsbeth Tucher sind zugunsten ihres Ehestandes versteckt – für verheiratete Frauen gehörte es sich nicht, ihr Haar, das ein Schönheitssymbol war, jedermann zu zeigen. Im sinnenfreudigen Italien hatte man damit offenbar keine Probleme – die Frauen waren geschminkter, die Frisuren aufwändiger, die Kleider bunter. Wohl ein Grund, weshalb Dürer so gern aus der spießigen Enge seiner Nürnberger Heimat, in der sich die Künstler gerade erst vom Handwerkerstand emanzipierten, ausbrach. In Italien waren die Künstler gefeierte Stars; Ideal der Renaissance war der im humanistischen Sinne universal gebildete „uomo universale", also etwa Leonardo Da Vinci. Venedig war gleichzeitig Tor zur Welt - vom Hafen aus fuhren Schiffe in die ganze bekannte Welt und brachten kostbare Waren und auch Menschen aus anderen Kulturen mit. Neue, farbige Eindrücke, unsagbar inspirierend für einen Künstler. Entsprechend starkfarbiger und expressiver präsentiert sich auch Botticellis Werk, im Gegensatz zur vornehm-zurückhaltenden Farbigkeit auf Dürers Bild. Dürers Bild wirkt kompositorisch und perspektivisch wesentlich aufwändiger. Insgesamt kann man wohl sagen, dass es sich beim „Portrait einer jungen Frau" um ein Bild handelt, das der Künstler selbst malen wollte, um der Schönheit seines Modells Willen. Hingegen kann man beim „Bildnis der Elsbeth Tucher" aufgrund der Symbole und der Staffage annehmen, dass es sich um ein Auftragsportrait handeln muss. Das Genre des Auftragsportraits kam erst im fünfzehnten Jahrhundert auf. Vorher wurden Künstler lediglich als Handwerker betrachtet, die Aufträge meist geistlicher Art ausführten. Die Renaissance brachte jedoch auch profane Sujets mit sich, und so gehörte es zum guten Ton, ein Portrait von sich zu haben, wenn man es sich leisten konnte. Nun waren die Künstler zwar bei Weitem noch nicht so gefeiert wie in Italien, trotzdem wurden sie geachtet und fürstlich entlohnt. Dürer war einer der ersten Künstler, die ihre Bilder selbstbewusst signierten – was hundert Jahre früher ein unglaublicher Frevel gewesen wäre. Die gesellschaftliche Situation in Nürnberg war eine, in der die unermesslich reiche Kaufmannsschicht den Adel an Dekadenz auszustechen versuchte. Dies gelang auch, und die teuren Portraits wurden zum Statussymbol. Trotzdem wohnte den Bildern meist ein gewisser Ernst, eine Würde inne, die die italienischen Portraits teilweise entbehrten. Es stellt sich die Frage, in welcher Beziehung Sandro Botticelli zu seinem Modell gestanden hat – so ganz züchtig wird es dabei nicht zugegangen sein. Der mangelnde Ernst der italienischen Gesellschaft kommt nicht zuletzt im Namen „Botticelli" zum Ausdruck: Der doch sehr beleibte Künstler, der eigentlich den Namen *„Alessandro di Mariano Filipepi"* trug, wurde kurzerhand „Botticelli", italienisch für „Tönnchen", getauft. Persönlich gefällt mir das Portrait der Elsbeth Tucher besser, da es meiner Meinung nach den Charakter der Frau besser einfängt als das glatte Werk Botticellis. Über den doch recht bedeutungsschwangeren Symbolgehalt des Bildes kann man geteilter Meinung sein; ich finde jedoch, dass die feinmalerische Darstellung der einzelnen Bildelemente Dürers bewunderungswürdige Meisterschaft einzigartig bezeugt.

Bildnachweis

www.wga.hu/art/d/durer/1/02/11elsbet.jpg

www.kunstbilder-galerie.de

Link zu einer Seite über die Bildanalyse:

http://pub.ab-one.de/kunst/html/bildanalyse.html